Gottfried Benn
Thomas Florschuetz

BLUMEN

Gedichte
und Fotografien

Ausgewählt
von Thomas Florschuetz
und Durs Grünbein

Mit einem Nachwort
von Durs Grünbein

Herausgegeben
von Renate Siebenhaar

Insel Verlag

Insel-Bücherei Nr. 1338

Sonderausgabe 2022

Gottfried Benn

Thomas Florschuetz

BLUMEN

HERBST

Todstumme Felder an mein Dorf gelehnt.
Vereinzelt trösten Wegwart und Skabiose.
Indes am Zaune sich zur Erde dehnt
blütenverwaist, rankenden Zweigs die Rose.

Nirgend mehr Purpur oder junge Glut.
Nur in der Georginen Sehnsuchtsaugen
brennt noch des Sommers wundervolles Blut.
Bald wird auch dies die Erde in sich saugen. –

KLEINE ASTER

Ein ersoffener Bierfahrer wurde auf den Tisch gestemmt.
Irgendeiner hatte ihm eine dunkelhellila Aster
zwischen die Zähne geklemmt
Als ich von der Brust aus
unter der Haut
mit einem langen Messer
Zunge und Gaumen herausschnitt,
muß ich sie angestoßen haben, denn sie glitt
in das nebenliegende Gehirn.
Ich packte sie ihm in die Brusthöhle
zwischen die Holzwolle,
als man zunähte.
Trinke dich satt in deiner Vase!
Ruhe sanft,
kleine Aster!

KURKONZERT

Über Krüppel und Badeproleten,
Sonnenschirme, Schoßhunde, Boas,
über das Herbstmeer und das Grieg-Lied:
Ob Iris kommt?

Sie friert. Der kleine graue Stock in ihrer Hand
friert mit. Wird klein. Will tiefer in die Hand.

Du, Glockenblumen in den Schal gebunden,
das weiße Kreuz aus Scheitel und aus Zähnen
liegt, wenn du lachst, so süß in deinem Braun!

Du steiles, weißes Land! O Marmorlicht!
Du rauschst so an mein Blut. Du helle Bucht!

Die große Müdigkeit der Schulterblätter!
Die Zärtlichkeit des Rockes um ihr Knie!
Du rosa Staub! Du Ufer mit Libellen!
Du, von den Flächen einer Schale steigend.
Im Veilchenschurz. Von Brüsten laut umblüht.

O Herbst und Heimkehr über diesem Meer!
Die Gärten sinken um. Machtloser grauer Strand.
Kein Boot, kein Segel geht.
Wer nimmt mich winters auf?
Aus so viel Fernen zusammengeweht,
auf so viel Sternen neu geboren
bis vor dies Ufer: – Iris geht.

Vor einem Kornfeld sagte einer:
Die Treue und Märchenhaftigkeit der Kornblumen
ist ein hübsches Malmotiv für Damen.
Da lobe ich mir den tiefen Alt des Mohns.
Da denkt man an Blutfladen und Menstruation.
An Not, Röcheln, Hungern und Verrecken –
kurz: an des Mannes dunklen Weg.

BLUMEN

Ein See, vom grauen Blute
des Herbstes ganz vergiftet,
machte mich mit krank.

Vergrämt empfing das Ufer,
glückleer und laubbeworfen,
wie Gräbererde meinen Schritt.

Dann kam in einem Park ein Beet:
das überblühte das ganze Elend,
den See, die Wolken und den Sturm im Garten

und schrie: Ich bin ganz unvernichtbar!
Ich versenge dem Tod seine kalte Fratze.
Wie alles Rote, Glut und Flammenhafte
aus meinen Schenkeln hurt!
Grüß Gott!

KRETISCHE VASE

Du, die Lippe voll Weingeruch,
blauer Ton-Zaun, Rosen-Rotte
um den Zug mykenischen Lichts,
Un-geräte, Tränke-Sehnsucht
weit verweht.

Lockerungen. Es vollzieht sich
Freigebärung. Lose leuchtend
Tiere, Felsen, Hell-Entzwecktes:
Veilchenstreifen, laue Schädel
wiesenblütig.

Welle gegen Starr und Stirn,
Glüher tiefer Bacchanale
gegen die Vernichtungsmale:
Aufwuchs und Bewußtseinshirn,
spüle, stäube – Knabenhände,
Läuferglieder, raumumschlungen,
stranden dich zu Krug und Hang,
wenn bei Fischkopf, Zwiebel, Flöten
Leda-Feste rosenröten
Paarung, Fläche, Niedergang.

PAPPEL

Verhalten,
ungeöffnet in Ast und Ranke,
um in das Blau des Himmels aufzuschrein –:
nur Stamm, Geschlossenheiten,
hoch und zitternd,
eine Kurve.

Die Mispel flüchtet,
Samentöter,
und wann der Blitze segnendes Zerbrechen
rauschte um meinen Schaft
enteinheitend,
weitverteilend
Baumgewesenes?
Und wer sah Pappelwälder?

Einzeln,
und an der Kronenstirn das Mal der Schreie,
das ruhelos die Nächte und den Tag
über der Gärten hinresedeten
süßen aufklaffenden Vergang,
was ihm die Wurzel saugt, die Rinde frißt,
in tote Räume bietet
hin und her.

BANANE

Banane, yes, Banane!
vie méditerranée,
Bartwichse, Lappentrane:
vie Pol, Sargassosee:
Dreck, Hündinnen, Schakale
Geschlechtstrieb im Gesicht
und aasblau das Finale –
der Bagno läßt uns nicht.

Die großen Götter Panne,
defekt der Mythenflor,
die Machmeds und Johanne
speicheln aus Eignem vor,
der alten Samenbarden
Begattungsclownerie,
das Sago der Milliarden,
der Nil von Hedonie.

Nachts wahllos zwischen Horden
verschluckt der Zeugungsakt,
Gestirne? wo? geworden!
gewuchert! fleischlich Fakt!
Gestirne? wo? im Schweigen
eines Wechsels von Fernher –
Zyklen, Kreisen der Reigen,
Bedürfniswiederkehr.

Sinnlose Existenzen:
dreißig Millionen die Pest,
und die andern Pestilenzen
lecken am Rest,
Hochdruck! unter die Brause!
in Pferdemist und Spelt
beerdige zu Hause –
das ist das Antlitz der Welt!

Hauch von Schaufeln und Feuer
ist die Blume des Weins,
Hungerratten und Geier
sind die Lilien des Seins,
Erde birst sich zu Kreuzen,
Flußbett und Meere fällt,
sinnlose Phallen schneuzen
sich ins Antlitz der Welt.

Ewig endlose Züge
vor dem sinkenden Blick,
weite Wogen, Flüge –
wohin – zurück
in die dämmernden Rufe,
an den Schierling: Vollbracht,
umflorte Stufe
zur Urne der Nacht.

ERST WENN

Nicht die Olivenlandschaft,
nicht das Tyrrhenische Meer
sind die große Bekanntschaft:
die weißen Städte sind leer,
die Dinge lagern in stummen
Gewölben aus Substanz,
und keine Schatten vermummen
den regungslosen Glanz.

Leer steht die Weinzisterne,
in Strahlen fassungslos
bietet sie nichts an Ferne
und an Zerstörungsstoß
und hilft nicht auszubreiten,
was im Gehirne schlief:
sie bietet Südlichkeiten,
doch nicht das Südmotiv.

Ein Hof polarer Reste,
Eiszeiten, Schollenwand
selbst um die Villa d'Este
und ihren Ginsterbrand:
erst wenn die Schöpfungswunde
sich still eröffnet hat,
steigt die Verströmungsstunde
vom Saum der weißen Stadt.

SCHLEIERKRAUT

Schleierkraut, Schleierkraut rauschen,
rausche die Stunde an,
Himmel, die Himmel lauschen,
wer noch leben kann,
jeder weiß von den Tagen,
wo wir die Ferne sehn:
leben ist Brückenschlagen
über Ströme, die vergehn.

Schleierkraut, Schleierkraut rauschen,
es ist die Ewigkeit,
wo Herbst und Rosen tauschen
den Blick vom Sterben weit,
da klingt auch von den Meeren
das Ruhelose ein,
von fahlen Stränden, von Schären
der Woge Schein.

Schleierkraut, Schleierkraut neigen
zu tief Musik,
Sterbendes will schweigen:
silence panique,
erst die Brücken geschlagen,
das Blutplateau,
dann, wenn die Brücken tragen,
die Ströme – wo?

LEVKOIENWELLE

»O du, sieh an, Levkoienwelle,
der schon das Auge übergeht« –
von früher her – es ist die Stelle,
wo eine alte Wunde steht;
denn wieder ist es in den Tagen,
wo alles auf das Ende zielt,
»mänadisch analys« und Fragen,
das sich um Rosenletztes spielt.

Man träumt, man geht in Selbstgestaltung
aus Selbstentfaltung der Vernunft;
man träumte tief; die falsche Schaltung:
das Selbst ist Trick, der Geist ist Zunft –
verlerne dich und jede Stelle,
wo du noch eine Heimat siehst,
ergib dich der Levkoienwelle,
die sich um Rosenletztes gießt,

die Bildungen der Zweige reifen,
es ist ein großes Fruchtbemühn,
die Seen dämmern hin wie Streifen,
die Gärten welch ein quellend Glühn,
das ist lernäisches Gelände
und eine Schar Gestalten winkt,
die mähet Blut und säet Ende,
bis sie ans Herz der Schatten sinkt!

Ein Duft von Apfelsinen
bricht durch die Zäune hin
ach u das Summen der Bienen
seit allem Urbeginn –

DIE ROSEN liegen im Schatten
und sind so kühl –

TAG, DER DEN SOMMER ENDET

Tag, der den Sommer endet,
Herz, dem das Zeichen fiel:
die Flammen sind versendet,
die Fluten und das Spiel.

Die Bilder werden blasser,
entrücken sich der Zeit,
wohl spiegelt sie noch ein Wasser,
doch auch dies Wasser ist weit.

Du hast eine Schlacht erfahren,
trägst noch ihr Stürmen, ihr Fliehn,
indessen die Schwärme, die Scharen,
die Heere weiterziehn.

Rosen und Waffenspanner,
Pfeile und Flammen weit –:
die Zeichen sinken, die Banner –:
Unwiederbringlichkeit.

ASTERN

Astern – schwälende Tage,
alte Beschwörung, Bann,
die Götter halten die Waage
eine zögernde Stunde an.

Noch einmal die goldenen *Herden*
der Himmel, das Licht, der Flor,
was brütet das alte Werden
unter den sterbenden Flügeln vor?

Noch einmal das Ersehnte,
den Rausch, der Rosen Du –
der Sommer stand und lehnte
und sah den Schwalben zu,

noch einmal ein Vermuten,
wo längst Gewißheit wacht:
die Schwalben streifen die Fluten
und trinken Fahrt und Nacht.

ANEMONE

Erschütterer –: Anemone,
die Erde ist kalt, ist nichts,
da murmelt deine Krone
ein Wort des Glaubens, des Lichts.

Der Erde ohne Güte,
der nur die Macht gerät,
ward deine leise Blüte
so schweigend hingesät.

Erschütterer –: Anemone,
du trägst den Glauben, das Licht,
den einst der Sommer als Krone
aus großen Blüten flicht.

HENRI MATISSE: »ASPHODÈLES«

»Sträuße – doch die Blätter fehlen,
Krüge – doch wie Urnen breit,
– Asphodelen,
der Proserpina geweiht –«

WENN ETWAS LEICHT

Wenn etwas leicht und rauschend um dich ist
wie die Glyzinienpracht an dieser Mauer,
dann ist die Stunde jener Trauer,
daß du nicht reich und unerschöpflich bist,

nicht wie die Blüte oder wie das Licht:
in Strahlen kommend, sich verwandelnd,
an ähnlichen Gebilden handelnd,
die alle nur der eine Rausch verflicht,

der eine Samt, auf dem die Dinge ruhn
so strömend und so unzerspalten,
die Grenze ziehn, die Stunden halten
und nichts in jener Trauer tun.

GÄRTEN UND NÄCHTE

Gärten und Nächte, trunken
von Tau und alter Flut,
ach, wieder eingesunken
dem bilderlosen Blut,
aus Wassern und aus Weiden
ein Atem, glutbewohnt,
verdrängt das Nichts, das Leiden
vom letzten, leeren Mond.

Ach, hinter Rosenblättern
versinken die Wüsten, die Welt,
laß sie den Rächern, den Rettern,
laß sie dem Held,
laß sie dem Siegfried, dem Hagen,
denke: ein Lindenblatt
das Drachenblut geschlagen
und die Wunde gegeben hat.

Nacht von der Schwärze der Pinien,
hoch von Planeten porös,
tief von Phlox und Glyzinien
libidinös,
hüftig schwärmen die Horen,
raffen die Blüte, das Kraut
und verschütten mit Floren
Herkules' Löwenhaut.

Sinkend an sie, an beide,
ihr feuchtes Urgesicht,
ein Wasser und eine Weide,
du schauerst nicht –

mit Menschen nichts zu sagen
und Haus und Handeln leer,
doch Gärten und Nächte tragen
ein altes Bild dir her.

SEPTEMBER

I

Du, über den Zaun gebeugt mit Phlox
(vom Regenguß zerspalten,
seltsamen Wildgeruchs),
der gern auf Stoppeln geht,
zu alten Leuten tritt,
die Balsaminen pflücken,
Rauch auf Feldern
mit Lust und Trauer atmet –

aufsteigenden Gemäuers,
das noch sein Dach vor Schnee und Winter will,
kalklöschenden Gesellen
ein: »ach, vergebens« zuzurufen
nur zögernd sich verhält –

gedrungen eher als hochgebaut,
auch unflätigen Kürbis nackt am Schuh,
fett und gesichtslos, dies Krötengewächs –

Ebenen-entstiegener,
Endmond aller Flammen,
aus Frucht- und Fieberschwellungen
abfallend, schon verdunkelten Gesichts –
Narr oder Täufer,
des Sommers Narr, Nachplapperer, Nachruf
oder der Gletscher Vorlied,

jedenfalls Nußknacker,
Schilfmäher,
Beschäftigter mit Binsenwahrheiten –

vor dir der Schnee,
Hochschweigen, unfruchtbar
die Unbesambarkeit der Weite:
da langt dein Arm hin,
doch über den Zaun gebeugt
die Kraut- und Käferdränge,
das Lebenwollende,
Spinnen und Feldmäuse –

II

Du, ebereschenverhangen
von Frühherbst,
Stoppelgespinst,
Kohlweißlinge im Atem,
laß viele Zeiger laufen,
Kuckucksuhren schlagen,
lärme mit Vespergeläut,
gonge
die Stunde, die so golden feststeht,
so bestimmt dahinbräunt,
in ein zitternd Herz!

Du: – Anderes!
So ruhn nur Götter
oder Gewänder
unstürzbarer Titanen
langgeschaffener,
so tief eingestickt
Falter und Blumen
in die Bahnen!

Oder ein Schlummer früher Art,
als kein Erwachen war,
nur goldene Wärme und Purpurbeeren,
benagt von Schwalben, ewigen,
die nie von dannen ziehn –
Dies schlage, gonge,
diese Stunde,

denn
wenn du schweigst,
drängen die Säume herab
pappelbestanden und schon kühler.

CLEMENCEAU

»Mit dem Blick auf das Ende
ist das Leben schön«,
der Blick lag auf den Rosen der Vendée.
Ferner:
»die Menschen haben keine Seele,
wenn sie doch wenigstens Haltung hätten.«

Ein überlegenes Gefühl zeigt folgende Bemerkung:
»es gibt Sterne,
die seit 2000 Jahren erloschen sind
und deren Licht wir noch erhalten.
Wenn man daran denkt,
ist alles in Ordnung.«

Über Kunst wusste er Bescheid.
Betreffend seinen Gutsnachbar Monet schrieb er:
»er hätte noch zehn Jahre leben müssen,
dann hätte man nichts von dem verstanden,
was er schuf,
auf seiner Leinewand
wäre dann vielleicht nichts mehr zu sehn gewesen.«

Witzig ist folgender Dialog:
»C.: er soll ein leidenschaftlicher Päderast
gewesen sein?
M.: nein, er spricht von Päderastie,
ohne sich zu erregen.
C.: was, er erregte sich nicht einmal?«

Hinsichtlich unserer Besonderheit scherzte er:
»die Deutschen sehen,
wie ein niedliches Tier im Wasser umhertändelt
und das nennen sie dann Meerschwein.«

Die Perspektive tritt an Stelle der Emphase;
fünfundachtzigjährig fasste er zusammen:
»nichts ist wahr. Alles ist wahr.
Das ist der Weisheit letzter Schluss.«

Oft war er in Griechenland gewesen,
hatte von der Akropolis Manches mitgebracht;
sein Testament schloss:
»auf mein Grab den Marmor aus Hellas.«

HORTENSIE, stille stehende
in eigenem Traum, in Sucht
die Winde, drüber wehende
die Farbenschlucht

ROSEN

Wenn erst die Rosen verrinnen
aus Vasen oder vom Strauch
und ihr Entblättern beginnen,
fallen die Tränen auch.

Traum von der Stunde Dauer,
Wechsel und Wiederbeginn,
Traum – vor der Tiefe der Trauer:
blättern die Rosen hin.

Wahn von der Stunden Steigen
aller ins Auferstehn,
Wahn – vor dem Fallen, dem Schweigen:
wenn die Rosen vergehn.

KELCHE

Unfasslich sind die Kelche
der Blumen im Gewind,
man fragt sich, wo und welche
die rätselvollsten sind.

Sie stehen flach und gläsern
doch auch mit Knoll und Stab,
sie stammen von den Gräsern
doch auch vom Fleische ab.

Man kann sie nie erfassen
zweideutig, wesenlos,
Erglühen und Erblassen
in kaum verdecktem Schoss.

Wie ist das nur – ich will die Quitten sehn –
nun sind die Rosen da und blühn und eilen,
werde ich nie durch Ihren Garten gehn,
auf der Terrasse schweigend mich verweilen?

Werde ich nie an Ihren Deichen sein
im Blick das Bild der windgebogenen Bäume –
bald ist es Herbst, Madame, wir schlafen ein,
long, long ago die Glück- und Rosenträume …

DIE GITTER

Die Gitter sind verkettet,
ja mehr: die Mauer ist zu –:
du hast dich zwar gerettet,
doch *wen* rettetest du?

Drei Pappeln an einer Schleuse,
eine Möwe im Flug zum Meer,
das ist der Ebenen Weise,
da kamst du her,

dann streiftest du Haar und Häute
alljährlich windend ab
und zehrtest von Trank und Beute,
die dir ein Anderer gab,

ein Anderer – schweige – bitter
fängt diese Weise an –
du rettetest dich in Gitter,
die nichts mehr öffnen kann.

GLADIOLEN

Ein Strauß Gladiolen
das ist bestimmt sehr schöpfungsdeutend,
fern von Blütengeweichel mit Fruchterhoffnung –:
langsam, haltbar, unirritiert,
großzügig, sicher der Königsträume.

Sonst die Natur- und Geisteswelt!
Dort die Wollherden:
Kleereste, mühselig, und daraus Schafsbröckel –
und hier die freundlichen Talente,
die Anna in den Mittelpunkt des Geschehens rücken,
sie läutern und einen Ausweg wissen!

Hier ist kein Ausweg:
Da sein – fallen –,
nicht die Tage zählen –
Vollendung
schön, böse oder zerrissen.

EIN STILLER TAG

Ein stiller Tag, die Knospen tragen Zeichen,
ein warmer Regen, der die Quitten treibt,
jene kanadischen, die ohne Gleichen
ein Kapitän der Heimat einverleibt.

Weiterhin, weithin, in das ich mich versenke,
vieles vergessen, einiges gelernt –
ein stiller Tag für mich, denn ich gedenke
an einen andern Tag, der weit entfernt.

MÄRZ. BRIEF NACH MERAN

Blüht nicht zu früh, ach blüht erst, wenn ich komme,
dann sprüht erst euer Meer und euren Schaum,
Mandeln, Forsythien, unzerspaltene Sonne –
dem Tal den Schimmer und dem Ich den Traum.

Ich, kaum verzweigt, im Tiefen unverbunden,
Ich, ohne Wesen, doch auch ohne Schein,
meistens im Überfall von Trauerstunden,
es hat schon seinen Namen überwunden,
nur manchmal fällt er ihm noch flüchtig ein.

So hin und her – ach blüht erst, wenn ich komme,
ich suche so und finde keinen Rat,
daß einmal noch das Reich, das Glück, das fromme,
der abgeschlossenen Erfüllung naht.

VIELE HERBSTE

Wenn viele Herbste sich verdichten
in deinem Blut, in deinem Sinn
und sie des Sommers Glücke richten,
fegt doch die fetten Rosen hin,

den ganzen Pomp, den ganzen Lüster,
Terrassennacht, den Glamour-Ball
aus Crêpe de Chine, bald wird es düster,
dann klappert euch das Leichtmetall,

das Laub, die Lasten, Abgesänge,
Balkons, geranienzerfetzt –
was bist du dann, du Weichgestänge,
was hast du seelisch eingesetzt?

Es blättert von den grossen Worten ab
u auch von Jenen, die Dein Ich Dir gab

hellblaue Blumen müssten es sein

NIMM FORT DIE AMARYLLE

Ich kann kein Blühen mehr sehn,
es ist so leicht und so gründlich
und dauert mindestens stündlich
als Traum und Auferstehn.

Nimm fort die Amarylle,
du siehst ja: gründlich: – sie setzt
ganz rot, ganz tief, ganz Fülle
ihr Eins und Allerletzt.

Was wäre noch Stunde dauernd
in meinem zerstörten Sinn,
es bricht sich alles schauernd
in Augenblicken hin.

EBERESCHEN

Ebereschen – noch nicht ganz rot
von jenem Farbton, wo sie sich entwickeln
zu Nachglut, Vogelbeere, Herbst und Tod.

Ebereschen – noch etwas fahl,
doch siehe schon zu einem Strauß gebunden
ankündigend halbtief die Abschiedsstunden:
vielleicht nie mehr, vielleicht dies letzte Mal.

Ebereschen – dies Jahr und Jahre immerzu
in fahlen Tönen erst und dann in roten
gefärbt, gefüllt, gereift, zu Gott geboten –
wo aber fülltest, färbtest, reiftest du –?

TRISTESSE

Die Schatten wandeln nicht nur in den Hainen,
davor die Asphodelenwiese liegt,
sie wandeln unter uns und schon in deinen
Umarmungen, wenn noch der Traum dich wiegt.

Was ist das Fleisch – aus Rosen und aus Dornen,
was ist die Brust – aus Falten und aus Samt,
und was das Haar, die Achseln, die verworrnen
Vertiefungen, der Blick so heiß entflammt:

Es trägt das Einst: die früheren Vertrauten
und auch das Einst: wenn du es nicht mehr küßt,
hör gar nicht hin, die leisen und die lauten
Beteuerungen haben ihre Frist.

Und dann November, Einsamkeit, Tristesse,
Grab oder Stock, der den Gelähmten trägt –
die Himmel segnen nicht, nur die Zypresse,
der Trauerbaum, steht groß und unbewegt.

LETZTER FRÜHLING

Nimm die Forsythien tief in dich hinein
und wenn der Flieder kommt, vermisch auch diesen
mit deinem Blut und Glück und Elendsein,
dem dunklen Grund, auf den du angewiesen.

Langsame Tage. Alles überwunden.
Und fragst du nicht, ob Ende, ob Beginn,
dann tragen dich vielleicht die Stunden
noch bis zum Juni mit den Rosen hin.

NACHWORTE

Durs Grünbein
Bayerischer Platz

Die Kirschblüte heute am Bayerischen Platz,
Überwältigend weiß und rosé, beinah japanisch,
Erinnert an einen gewissen Arzt, der hier wohnte.
Die Praxis lag gleich um die Ecke.

Im dunklen Anzug, ich sehe ihn noch, sagt die Alte
Vom Bestattungsgeschäft nebenan zur *Bingo BZ*.
Liebhaber von Schnittblumen und Ziersträuchern,
Zum Beispiel Gladiolen, Ebereschen, Forsythien.

Ein Gentleman, er verschickte gern teure Bouquets
An einzelne Damen, die immer jünger wurden.
Metzgerschädel, und die Lider zumeist auf halb 8.
Er hatte etwas vom Herzog Blaubart.

Aber heute die Kirschblüte, die einen umschäumt,
Kaum taucht man aus kühlem U-Bahn-Schacht auf:
Sie erinnert so sehr an das allgemeine Vergessen.

Kennen Sie *den*? – Ein Mann geht zum Doktor
Und klagt ihm seine Vergeßlichkeit. Der Kerl zittert.
»Irgendwas war da mit Vögeln.« »Ich darf doch bitten.«
»Nicht, was Sie denken, Herr Doktor. Meine Frau,
Ich hab sie, wie sagt man … gespechtet. Zum Kuckuck!«
Die Schwester errötet. Der Mann kommt ins Stottern.
»Befinkt? Nein, geamselt? Ich hab sie – erdrosselt.«

Wie rasch das vorübergeht, herzzerreißende Blüte.
Die Bänke eingeschneit, Blätter gestreut aufs Rondell.
Nur ein Mädchen kreuzt jetzt den Platz, ihm zur Seite
Ein Husky mit stechenden blauen Augen.

Durs Grünbein
Palette für Mohn

In memoriam Hans Günther Huch

Es ist lange her, daß etwas so Harmloses und Liebreizendes wie eine Blume einen literarischen Schock auslöste. Aber genau das geschah, als im Jahre 1912 in einem kleinen Verlag in Berlin-Wilmersdorf die Sammlung *Morgue und andere Gedichte* erschien. Das berüchtigte Büchlein kam auf das nichtsahnende Publikum als »Flugblatt« zugesegelt, sein Verleger Alfred Richard Meyer erinnerte sich später des legendären Moments so: »Wohl nie in Deutschland hat die Presse in so expressiver, explodierender Weise auf Lyrik reagiert wie damals bei Benn.« Man stelle sich die ästhetische Provokation noch einmal probeweise vor: Eine Handvoll Gedichte, ihre Schauplätze sind Kreißsaal, Krebsbaracke und Pathologie, alles dreht sich um tote, zerschnittene, gemarterte Leiber, gedruckt ist das Ganze auf Büttenpapier, mit einer gelborangefarbigen Kordel geheftet. Ihr Verfasser, ein frisch approbierter, promovierter Militärarzt, hatte sie während seiner Ausbildungszeit an einem Moabiter Krankenhaus geschrieben, in den Abendstunden nach einem Sektionskurs. Das war keine schöne Dichtung mehr. Als ekelerregend, mindestens unappetitlich wird auch der heutige Leser empfinden, wovon da die Rede ist. Wir hören von menschlichen Ausscheidungen, krebszerfressenen Schößen, offenen Bauchhöhlen – in einer Unverblümtheit, die mit aller bisherigen Ausdruckszurückhaltung brach. Doch weniges reicht an die Verstörung heran, die das Auftauchen einer kleinen blauen Aster in diesem Umfeld bewirkte. Wer ihr einmal begegnet ist, dem will sie nicht mehr aus dem Kopf gehen.

Man kann sich fragen, woran das liegt. Es mag einiges mit der erstaunlich präzisen Farbangabe zu tun haben, die in Zeile zwei das Motiv einführt: »eine dunkelhellila Aster«. Unheilschwanger kommt sie daher, mit der Blauen Blume der Romantiker hat sie nichts mehr gemein. Der Clou aber ist die Kombination. Nach dem Prinzip der Collage, damals noch neu und verblüffend, waren hier Elemente zusammengestellt, von denen sich sagen ließ: eins von den beiden Dingen gehört nicht hierher. Was Benn da praktizierte, war ein Verfahren, das Lautréamont, der letzte der schwarzen Romantiker Frankreichs, gut vierzig Jahre vor ihm entdeckt hatte als dichterische Methode. In die Literaturgeschichte ging es ein als »die unvermutete Begegnung einer Nähmaschine und eines Regenschirms auf einem Seziertisch«, so die berühmte Stelle aus dem sechsten der *Gesänge des Maldoror*. Die Surrealisten entwickelten daraus später ein ganzes Kunstprogramm. Benn aber war ihren Pariser Experimenten um Haaresbreite voraus. Der Szene mag real Erlebtes zugrunde liegen, auch wenn das eher unwahrscheinlich ist. Wir haben es hier nicht mit Photographien aus dem Pathologenalltag zu tun, sondern mit dem Genre der *physiologischen Groteske* (Helmut Lethen). Geschildert werden, in barocker Übertreibung, Zustände, wie sie im Klima eines zünftigen Medizinerzynismus gediehen, wo der Umgang mit dem Tod durch eine gewisse Routinehaltung erleichtert wurde. Das Arrangement selbst aber hakt sich im Bewußtsein fest, weil eine Blume im Mund einer Wasserleiche eben reichlich deplaziert ist. Der Leser wird zum Betrachter, den ein schockierendes Bildelement in erhöhte Alarmbereitschaft versetzt. Vorsicht, sagt es, von diesem Dichter geht eine latente Gefahr aus. Ergriffenheit kann in diesem allzu Empfindsamen sich jederzeit in Angriffslust umkehren.

Ein ersoffener Bierfahrer wurde auf den Tisch gestemmt.
Irgendeiner hatte ihm eine dunkelhellila Aster
zwischen die Zähne geklemmt.

So fängt das wahrscheinlich bekannteste Gedicht Gottfried Benns an. Und wäre da nicht der Reim, man könnte es für den Beginn einer Prosaerzählung halten, eine Krudität aus dem Berliner Proletenmilieu. Ein neuer Tonfall war das, ein merkwürdig distanzstiftender Jargon, der aber jederzeit Halt machen konnte bei einer herzzerreißenden, kleinen Einzelheit. So hat schon die Farbangabe Signalcharakter. Als vielsilbiges Adjektiv zeugt sie von Behutsamkeit – die Zunge gerät beim Deklamieren ins Stocken. In ihrer Übergenauigkeit enthüllt sie die Schwelgereien eines Malerauges, das die Kontraste genießt. Man muß nur hinsehen: das Chiaoscuro wird als Ausdrucksform offen angekündigt. Hier geht ein Helldunkelmaler ans Werk, der die »Einerseits«-»Andererseits«-Struktur allen Lebens nur ertragen kann, indem er sie zeigt. Und solch brutaler Ästhetizismus kam auf den Ätherwellen der Lyrik daher. Unauslöschlich blieb dieser erste Eindruck. Von nun an wanderte jener Farbfleck durch alle Gedichte und Schriften Gottfried Benns und wurde zum Markenzeichen: das unschuldige *Blümelein* aus den Märchen und Liedern.

Es ist die Sommeraster, das Aschenputtel unter den Schnittblumen, auch *Aster chinensis* genannt, die den Reigen eröffnet. Benn wird sie als Feldblume kennengelernt haben, während der Kindheit auf dem brandenburgischen Land, wo er mit den Dorfjungen aufwuchs, bis zum November barfuß lief, in die Felder fuhr, auf die Wiesen zum Heuen – wie es im Lebensrückblick heißt. Eine Eingewanderte ist sie, von weither aus Südostasien, wie ihre edleren Verwandten, die Chrysanthemen, und dann so heimisch geworden, daß sie am Wegrain blühte, an Wiesen, eine Streunerin. Nicht lange haltbar, in der Vase verfärben die Stengel das Wasser rasch ins Bräunliche, und ein Geruch von Fäulnis geht dann von ihnen aus.

Ich packte sie ihm in die Bauchhöhle
zwischen die Holzwolle,
als man zunähte.
Trinke dich satt in deiner Vase!

Von Oskar Loerke stammt die Bemerkung, die Stücke aus dem Zyklus *Morgue* wirkten heute wie »Stilleben mit Leichenteilen«. Dieses Heute war allerdings von 1917, mit dem Abstand der Weltkriegsjahre geschrieben und entsprechend abgeklärt. Genügend Zeit war vergangen, um vor dem Bild zurückzutreten, nachdem man den Schock verarbeitet hatte. Man konnte nun auch vergleichen: War nicht die ganze Kunst des Jugendstils von der Belle Epoque bis zum Ersten Weltkrieg von floralen Motiven durchrankt? Nicht nur die Verse und Stoffmuster, auch die Gebrauchsgegenstände, das Mobiliar und der Stuck an den Häuserfassaden. Auch der Symbolismus hat seine Blumen gehabt, die des Bösen zuerst, dann die im Gewächshaus der Sprache Gezüchteten und schließlich die Trockenblumen, denen aller Duft abhanden kam, als aus Gedichtbänden Herbarien für Bücherliebhaber wurden. Aber handelte es sich noch um dasselbe? War der Skandal nicht die Verpflanzung an einen Ort gewesen, wo keiner sie erwartet hätte und wo sie auch heute noch Anstoß erregen würden? Aus den bürgerlichen Salons mit ihren Vasen von Lalique und Gallé war es nun übergesprungen ins Leichenschauhaus. Und eine Morgue war keine Einsegnungshalle, nicht einmal Totenkränze gehörten dorthin. In den Kühlräumen der Pathologie hat kein Blumenschmuck etwas zu suchen. Es mußte sich also um einen Kunstgriff handeln, hier war ein Arrangeur, raffinierter Artist zu Werke gegangen. Das hat ein Arztkollege, der Romancier Alfred Döblin, deutlich gesehen, als er mit Blick auf die *Eigengesetzlichkeit* dieser Dichtersprache schrieb: »Es ähnelt dem alogischen Charakter der Malerei, wirklichkeitsfremde Farben in wirklichkeitsfremden Zusammenhängen.«

Damit war nun die Kompositionstechnik im ganzen gemeint. Döblins Hinweis mit der für Schriftsteller so seltenen Analogie zur modernen Malerei galt dem Bennschen Stil. Der Dichter gebraucht den Wortschatz wie ein Matisse die Palette, wie ein Picasso die Elemente der Malerei selbst. Er isoliert die Vokabeln und nimmt sich die Freiheit, sie um des reinen Signalwerts willen neu zu kombinieren, unbekümmert um Kontext und Bedeutung. So entstehen Collagen aus Substantiven, Bouquets aus lexikalischen Orchideen, sonderbare fetischhafte Wortfindungen. Einmal ist da von »Astermeeren« die Rede, ein andermal von »Blütengeweichel«. Benn selber hat das Verfahren freimütig aufgedeckt, aus seiner Poetik der botanophilen Wortmagie kein Geheimnis gemacht. Im *Lebensweg eines Intellektualisten*, einer seiner vielen Selbstauskünfte, erklärt er den Zaubertrick so: »Worte, Worte – Substantive! Sie brauchen nur die Schwingen zu öffnen und Jahrtausende entfallen ihrem Flug. Nehmen Sie Anemonenwald, also zwischen Stämmen feines, kleines Kraut, ja über sie hinaus Narzissenwiesen, aller Kelche Rauch und Qualm, im Ölbaum blüht der Wind und über Marmorstufen steigt, verschlungen, in eine Weite die Erfüllung – oder nehmen Sie Olive und Theogonien – Jahrtausende entfallen ihrem Flug.«

Es ist die Pflanze im Schriftbild, die hier als Droge zur Wirkung kommt, es bedarf dazu nicht erst des Rauschgiftkonsums. Die rein metaphorischen Genußmittel, die betäubenden und erregenden *Phantastica* der Wortschätze aller Kulturen bringen es an den Tag. Entrückung setzt ein, so will es der Dichter, sobald die exotischen Ingredienzen, oft genug aus den Bereichen Botanik und Geographie, ineinanderfließen und die lyrische Sinnesverwirrung bewirken. Wie das Mescalin die Wunder des Innenlebens enthüllt, das Morphin aus dem Saft der Mohnkapseln das Zeitgefühl dehnt, so die Gedichtzeile und in ihr das einzelne Wort als Alkaloid – von weit hergeholt. Den Sprachsinn erfaßt das Glück der Halluzination, die Operation geht in Richtung Ichauflösung. Der Vers als euphorisierender Reim spielt süße Regressionsmelodien. Pflanzliches hat an diesen Durchbruchsversuchen den größten Anteil. Wo Pflanzliches nah ist, geschieht die Lockerung, taucht das Gehirn in den offenen Bedeutungsraum ein, sinkt durch die semantischen Felder.

»Also nach der Zerstörung das Vegetabilische« – so umschreibt der Autor selbst im Rückblick seine Methode. Vom Assoziationssturm zerwirbelt liegt die Welt des Verstandesmenschen, nun kann die Verwandlung geschehen. Benn hat den Vorgang mehrfach beschrieben. In der frühen Brüsseler Prosa um den Arzt Rönne kehrt die Szene in etlichen Variationen wieder. Rönne, der expressionistische Doppelgänger des Mediziners Benn, sehnt sich, müde der Ratio und des Realitätsprinzips, nach dem großen Entformungsgefühl, er erlebt »Entschweifungen der Schläfe«. Im Moment, da Subjekt-Krise und Blackout des Bewußtseins zusammenfallen, betritt er das Blütenzimmer, gibt er sich fallend den Asphodelenwiesen hin, taucht unter in der Levkoienwelle.

»… aber noch ging er durch den Frühling, und erschuf sich an den hellen Anemonen des Rasens entlang«, heißt es in *Die Reise*. Und *Die Eroberung* hält denselben Erlösungsmoment so fest: »Er wühlte sich in das Moos: am Schaft, wasserernährt, meine Stirn, handbreit, und dann beginnt es.«

Das ist er, der keineswegs harmlose, noch immer nicht ganz jugendfreie Gottfried Benn. Ein Gedicht wie »Blumen« kann bei ihm ein ganzes Epochengemälde enthalten. Der Titel ist Tarnung, er scheint geradewegs ins Poesiealbum zu führen. Hier aber geht es um Herkunft und Glaubensfragen, Biographisches wird heraufbeschworen.

> Im Zimmer des Pfarrherrn
> Zwischen Kreuzen und Christussen,
> Jerusalemhölzern und Golgathakränzen
> Rauscht ein Rosenstrauß glückselig über die Ufer:

Gottfried Benn wird am 2. Mai 1886 in dem Dorf Mansfeld in der westlichen Prignitz geboren, Brandenburg, anderthalb Stunden Autofahrt entfernt von Berlin, als zweites von acht Kindern eines protestantischen Pfarrers. Das Pfarrhaus ist, wie für den zeitlebens und inbrünstig verehrten Friedrich Nietzsche, kultureller Brutraum. Der Vater arbeitet als Erzieher in den Schlössern des preußischen Landadels, bevor er die Stelle des Gemeindepfarrers übernimmt. Er wird seinen christlichen Einfluß bei der Erziehung geltend gemacht haben, daran ist kein Zweifel. Gottfried Benn ist getauft und katechisiert worden, der Vorname spricht Bände, um so erstaunlicher dann der geistige Entwicklungsweg dieses Extremsportlers in der Disziplin Nihilismus.

Man fragt sich, was alles schiefgehen mußte mit dem Zeitalter, daß solche Ausgangsbedingungen zu so verstörenden Resultaten führten. Die Transformation religiöser Energien in Philosophie und Poesie, eine Wirkung von Luthers Reformation, ist seit langem Diskurs. Die literarisch Hochbegabten, das weiß die Germanistik, sind über vier Jahrhunderte lang Pfarrhäusern wie diesen entsprungen, einige so abtrünnig wie gefährlich sprachmächtig. Denn Sprachmacht war das Erbteil dieser verlorenen Söhne, die zeitlebens bibelfest blieben. Das Gedicht *Pastorensohn*, aus Gründen der Pietät zuerst unterdrückt (und dann doch im Zyklus *Fleisch* eingerückt), spricht es mit böser Verächtlichkeit aus. Man wird kaum kryptisch nennen, was so grob mit den biographischen Fakten hantiert. »Der Alte pumpt die Dörfer rum / und klappert die Kollektenmappe, / verehrtes Konsistorium, / Fruchtwasser, neunte Kaulquappe.« Der Krebstod der geliebten Mutter, einer Französisch-Schweizerin, die als Gouvernante in Deutschland eine Stellung gefunden hatte, wird angedeutet, und getrieben ist das Ganze vom Zorn auf die religiöse Vernageltheit des Vaters, der es dem Arztsohn verwehrte, die Qualen der Sterbenden mit Morphium zu lindern. »Von wegen Land und Lilientum / Brecheisen durch die Gottesflabbe – / verehrtes Konsistorium, / Gut Beil, die neunte Kaulquappe!« Man meint, einen flegelhaften Jung-Ödipus reden zu hören. Das Motiv des Vatermordes, hier grotesk überdreht, gehörte fest ins Repertoire der literarischen Epoche (in der die Psychoanalyse ihren Siegeszug antrat). Das läßt sich jeder einschlägigen Anthologie entnehmen, von Kurt Pinthus' *Menschheitsdämmerung – Symphonie jüngster Dichtung* (1919) bis zur *Lyrik des expressionistischen Jahrzehnts* (1955), letztere versehen mit einem Vorwort von Gottfried Benn. Im Jahr darauf ist er, nachdem er alles abgeräumt hatte, was ästhetisch auf seinem Feld zu holen war, in Berlin vielbeweint gestorben. Nach den Photos der Beisetzung zu urteilen, muß die Blumenpracht überbordend gewesen sein. So werden Bühnengrößen am Grabesrand überschwemmt, Filmstars einst und heute die eine oder andere Diva der Popkultur. Neu war, daß auch ein Dichter, dem zwischen den Zeilen Gott und Geschichte abhanden gekommen waren (nicht aber die Herrlichkeiten der Erde), ein Mann, vertieft ins lyrische Selbstgespräch, postum solche Ovationen entete. Man wüßte gern, welche Sträuße sich damals ihm zu Ehren sammelten und aus welchen Händen, zumeist wohl von Verehrerinnen. Das Gedicht »Blumen« aber fährt unbeirrt fort:

> Wir dürfen ganz in Glück vergehn.
> In unserm Blute ist kein Dorn.

Die Information, die in Zeilen wie diesen steckt, sollte noch immer nicht unterschätzt werden. Herausfordernd wird hier das Ende des Christentums annonciert – in Form eines häuslichen Stillebens. Ein Rosenstrauß wird gegen den Glauben an eine Sinngebung durch Christi Leidensweg ausgespielt. Die schiere Blütenpracht, als Farbexplosion wie auf den Leinwänden der Fauvisten, triumphiert über Golgatha und Dornenkronensymbolik. An anderer Stelle sind es van Goghs Sonnenblumen, wie in der Novelle *Der Garten von Arles*, die das Dasein des christlichen Dulders aggressiv überstrahlen.

An diesen Beispielen läßt sich entwickeln, was es mit all den Blumen und Blüten bei Benn auf sich hat. Sie sind, wie sich im Überblick zeigt, anfangs Trophäen eines neuheidnischen Vitalismus, bevor sich an ihnen, vor allem in späteren Jahren, die konstitutionelle Müdigkeit des Melancholikers sammelt. Gottfried Benn, der Mann der vielen Widersprüche, von Begriffen zerrissen – und dann läuft alles auf einen Strauß Blumen in einer Vase hinaus. »Stell auf den Tisch die duftenden Reseden.«

Einmal darauf aufmerksam geworden, wird man in jedem dritten Gedicht das Blumenmotiv finden. Blumen sind in diesem unruhigen Werk eine der wenigen Konstanten, gewissermaßen *Das Unaufhörliche* – (um den Titel eines Gedichtzyklus zu zitieren, der Auftragsarbeit zu einem Oratorium für Paul Hindemith). Gerade aus den Blumen, diesen wehrlos-weichen, hingebungsvollen, leicht verwelkenden, zarten Naturformen, leuchtet das Unzerstörbare, Unvergängliche des Seins. Sie sind wie wiederkehrende Reminiszenzen an den Garten Eden: Ihr kurzes Blühen und Duften bringt die Urerinnerung an verlorene Paradiese zurück. Nicht zufällig tragen sie Namen wie Augentrost, Immortelle oder Himmelsschlüssel. So vieles ist verloren, vergangen, von Geschichte und Zivilisationsprozeß entwurzelt, auf sie aber ist noch in der schlimmsten Naturzerstörung und Landschaftsverwüstung Verlaß: Sie sind das Wiederbringliche im Unwiederbringlichen. Und ihre Funktion scheint in allen Kulturen dieselbe: die von Liebesboten, Schönheitsstiftern, Trauerschmuck – Metaphern als Geschenkgaben. Das gilt im Orient wie im Okzident, für Japans Ikebana-Tradition ebenso wie für den Rosenkult Persiens, die Tulpenmanie zur Rembrandt-Zeit, den Schnittblumenmarkt der Weimarer Republik. Oder die von der Stadtverwaltung unterhaltenen, öffentlichen Rabatten.

Dann kam in einem Park ein Beet:
Das überblühte das ganze Elend,
den See, die Wolken und den Sturm im Garten

Und schrie: Ich bin ganz unvernichtbar!
Ich versenge dem Tod seine kalte Fratze.

Nietzscheanische Anwandlungen eines Pastorensohns waren das. Ein Blumenbeet wird begrüßt wie der Jüngste Tag. Gegen die Fruchtbarkeitsschübe der Erde, von denen die Vegetationskulte wußten, hatte der Tod als pietistische Veranstaltung keine Chance. Hier schrieb einer, der den Glauben seiner Vorväter verloren hatte wie das Schulkind auf dem Heimweg den Hausschlüssel. Ein Dichter, der von sich selbst behauptete, ihm persönlich sei Frömmigkeit konstitutionell unmöglich. »Dieser evangelische Heide aus alter norddeutscher Theologenfamilie«, wie Else Lasker-Schüler ihn anbetungsvoll nannte.

Was aber sind das für Blumen, die so zum Leitmotiv wurden wie bei keinem anderen Dichter? Woher der Eindruck ästhetischer Nähe zu den gleichzeitig ablaufenden Entwicklungen in der Malerei seiner Zeit? Benn ist, wie die französischen Modernisten, nicht an realistischer Darstellung interessiert. Es geht ihm, wie es Henry Matisse für sich deklarierte, um »Verdichtung erlebter Formen«. Es ist das Konglomerat Blume, das ihn beschäftigt. Die Rede ist von den *ligurischen Komplexen*, die in gewissen Reizwörtern eingekapselt sind wie die Samenkerne. Er zielt, wenn er vom *Anemonenwald* schreibt, auf die Schichten dieses Querschnittes von Begriff. Das Wort als solches sensationiert diesen Dichter »ohne jede Rücksicht auf seinen beschreibenden Charakter rein als assoziatives Motiv«. In den heraufgerufenen Gewächsen verknüpft sich für ihn ein ganzes Bündel heterogener Eindrücke und Empfindungen zu einem geschlossenen Ganzen. Darum genügt oft schon die bloße Anrufung des Namens für den erwünschten Effekt: »Schleierkraut, Schleierkraut rauschen / rausche die Stunde an«.

Ging es den Malern im Gefolge Cézannes um eine radikale Reduktion der Mittel – »Alles was nicht nützt, schadet im Bild«, so bei Benn um die Konzentration auf das einzelne Substantivum. Das Haupt- oder Dingwort (oder wie es das Lexikon definiert): »Wort, das für sich allein besteht«, also aus Eigenem, dieses Wort, das ein Ding, einen Begriff, auch ein Lebewesen (eine Blume beispielsweise) bezeichnet, soll nun in seiner ganzen Autonomie erstrahlen. Es wird freigesetzt, aus den Verstrickungen der Semantik gelöst, zum Radikal im chemischen Sinne. Darin, hauptsächlich darin besteht die Bennsche Entdeckung im lyrischen Feld. So ergibt sich der vielzitierte, selten im kunsthistorischen Zusammenhang gewürdigte, sogenannte Nominalstil. Das Gedicht wird, wie im Kubismus der Bildraum, neu konfiguriert: als ein Stilleben aus einander entfremdeten Worten. Der Rhythmus bleibt magische Größe, die Lexik wird rein imaginär. Vom Hintergrund her (von der Psyche des Dichters, des Hörers) wird nach vorn auf die Buchseite zugearbeitet. Auf ihr erscheinen die Wörter, wie mit der Wurzel herausgerissen, als Fremdkörper. Sie selbst aber werden, anders als im Kubismus die Formen der Dinge, bei Benn nie deformiert. Der Dichter hat zeitlebens nie eine bestimmte Linie des moderaten Avantgardismus überschritten. Bei aller Begeisterung für den Futurismus – sein Vers vermied dessen dynamische Kapriolen ebenso wie die Sinnsabotage des Dada oder bloße Lautmalerei. Mit dem Kubismus verband ihn die Suche nach dem statischen Stil.

Spätestens hier kommt nun Carl Einstein ins Spiel, der Freund

und Gesprächspartner aus frühen Brüsseler Tagen, Kunstanalytiker und Brückenbauer zwischen den Gattungen, ein Ethnologe der Avantgarden. Von ihm sind die tiefsten technischen Einsichten zum Fall Benn überliefert. Die beiden konnten sich stundenlang über Picasso, Braque oder Gris unterhalten, und die Problemstellungen, die sich daraus für die Literatur ihrer Zeit ergaben, waren ihnen vertraut. »Nur Benn ging ran«, wird Einstein in den zwanziger Jahren resümieren, nach einer Bilanz der Weimarer literarischen Szene. Einstein, der Sohn eines jüdischen Kantors, war in dem vagabundierenden Protestantensproß einem Geistesverwandten begegnet, einem überlegenen Objektivisten, unter Künstlern die seltenste Spielart. Da waren zwei aufeinander gestoßen, die sich in höhnischer Selbsteinsicht zurufen konnten: »Ihre Sucht nach Originalität entspringt Ihrer beschämenden Leere; meine auch.« Von Einstein stammt, in einer Besprechung anläßlich des Erscheinens der *Gesammelten Gedichte* 1927, der klassische Reklamespruch: »Vor Leistung ist Lob töricht; ich stelle meine Bewunderung fest.« Und weiter heißt es da: »Bei Benn ist alles auf Isolierung des Ichs gerichtet, und dies ist schmale Fackel der Gestaltung.«

Der Rückzug aufs Ich also, und aus solcher autonomen Stellung heraus die Neugestaltung des Verses analog zu den Pioniertaten der europäischen Malerzeitgenossen, das war es, was den Kunstdenker an dem fast gleichaltrigen Dichterkollegen anzog. Der Verfasser des Romans *Bebuquin* (den Benn zeitlebens hochhalten wird als eines der Hauptwerke der literarischen Avantgarde) hatte den ersten Schritt auf dem Weg zu einer »absoluten Prosa« getan, nun war Benn an der Reihe mit seiner Triebpoetologie, die dem Einzelwort ein Maximum an Wirkung sichern sollte. Frühe Stichworte Einsteins sind die »Reduktion in die Fläche«, die »gereinigte Palette«. Auch bei Benn ist alles weggeschnitten, was nicht zum Ausdruck gehört. In seinem kurzen Credo aus Anlaß einer Zeitschriftenumfrage (»Schöpferische Konfession«) heißt es dazu (1919): »Ich finde nämlich in mir selber keine Kunst, sondern nur in der gleichen biologisch gebundenen Gegenständlichkeit wie Schlaf oder Ekel die Auseinandersetzung mit dem einzigen Problem, vor dem ich stehe, es ist das Problem des *südlichen Worts*.«

Die Frage, die sich daran knüpft, ist nur: Warum Südwort, wo man doch im Norden operierte? Der deutsche Künstler, scheint es, kommt aus dem Defizit. Es bedarf eines Sprungs über Breitengrade und Vegetationszonen, um das Wort aufzusprengen, daß es zum Farbbüschel wird, als polychrome Rakete aufschießt vor dem weißen Malgrund der Buchseite. Fraglich bleibt aber auch, ob das Wort je ein so starkes Eigenleben entwickeln kann wie ein van Goghsches Gelb oder ein Grün, ein Orange, ein Blau bei Matisse? Was ist das Unvergleichliche, nimmt man ein Gemälde des letzteren, etwa »Die Koloquinten« – und ein Gedicht wie *Kretische Vase*, beide aus demselben Jahr 1916?

Du, die Lippe voll Weingeruch,
Blauer Ton-Zaun, Rosen-Rotte,
Um den Zug mykenischen Lichts …

Wird man jemals ergründen, was ein Kompositum wie »Rosen-Rotte« oder das nie zuvor gehörte Adjektiv »wiesenblütig« in Broca-Areal und Wernicke-Zentrum bewirken – den beiden an Sprachverarbeitung maßgeblich beteiligten Hirnregionen? Wir wissen nur, daß sie vom Gehirn entschlüsselt werden wie jeder noch so überraschende Neologismus. Und daß dieser Prozeß der Zeichendeutung anders vor sich geht als der stille sensualistische Glücksakt der Versenkung in eine farbengesättigte Leinwand. So bleibt der Abstand zuletzt unüberbrückbar. »Wie ein Gemälde ist das Dichtwerk«, lautet die metaphorische Umschreibung des Horaz. Eine harte Nuß, denn aus dem *wie* sprudeln alle Widersprüche zwischen den Kunstformen. Ezra Pounds großspurige Definition der *phainopoeia*, jener Eigenschaft der Dichtkunst, die sie dem Sehsinn am nächsten bringt – »wodurch Bilder auf die innere Netzhaut projiziert werden«, hilft hier nicht wirklich weiter. Ein Gedicht wie *Henri Matisse: »Asphodèles«* bezeugt es. Wir haben ein Stilleben gleichen Namens (1907), zu sehen im Museum Folkwang in Essen, und wir haben den Vierzeiler, der das Griechenwort aufgreift und assoziativ entführt. Das Gemälde bleibt, wo es ist, auf der Leinwand als Farbkomposition, der Vers läßt sich im Gedächtnis davontragen. Geschriebenes ist immer schon Abschweifung – in diesem Falle zu den griechischen Unterweltsmythen. Wie Picasso hätte auch Benn von sich sagen können, nur der Süden inspiriere ihn zu mythologischen Themen. Freilich ist der Süden des Dichters ein rein imaginärer. So wird das Bild den Augen entzogen und zum Symbol verwandelt, hinübergeschmuggelt in eine Vorstellung von Transzendenz. Für diese genügt der Anklang, die reine Evokation plus – ein paar Gedankenstriche. Dem Namen der mythischen Pflanze, jenes ästigen Gewächses aus dem Mittelmeerraum, das tatsächlich unter der Erde überdauert als Geophyt, wird eine ganze Zeile eingeräumt, um in voller Klangschönheit aufzublühen. Asphodelen lautet das Losungswort, der Rest ist Übermalung des ursprünglichen Bildes mittels Lauten, Spurenverwischung.

Sträuße – doch die Blätter fehlen,
Krüge – doch wie Urnen breit,
– Asphodelen
Der Proserpina geweiht –.

Folgt man den Werkstattberichten, von denen die autobiographischen Schriften voll sind, den vielen brieflichen Auskünften, bleibt die Nähe zur Malerei jederzeit evident. Gottfried Benns Blumen wirken auf den heutigen Leser, der sein Pensum an Kunstretrospektiven absolviert hat, als Signalelement der Moderne. Der Besucher von Bundesgartenschauen, der Hobbygärtner wird ohnehin staunend verweilen. Das Isolierte an ihnen – daß sie aus der Verszeile gleichsam herauswachsen – verschafft ihnen Dauer. Völlig aus jedem Erzählzusammenhang gelöst sind sie, kühles Dekor, befreit auch vom persönlichen Anlaß des lyrischen Überbringers. Der Dichter liebte es, besonders blütenschwere Strophen an seine diversen Geliebten zu versenden. Benns Blumengedichte reichen weit über ihr bloßes Motiv hinaus, und das kommt dem Ideal absoluter Poesie schon sehr nah. Manche wollen nur das sein: Akkorde gesättigter Farbtöne. Das gelingt etwa dann, wenn das Wort *Mohn* ins Spiel kommt, ein Wort, in dem das Rot der Blütenblätter und der Milchsaft, aus dem das Opium gewonnen wird, schon mitklingt. Es gibt eine Notiz aus dem Nachlaß, die ein Licht wirft auf die Arbeitsweise dieses Spezialisten der Synästhesie.

»Palette für Mohn« stand da, auf einen der vielen Notizblökke gekritzelt, zwischen den Patientenbesuchen in der ärztlichen Praxis. Benn trug seine Einfälle gern in Taschenkalender ein, die ihm Jahr für Jahr von der Ärztekammer zugestellt wurden. Sie sind heute im Marbacher Literaturarchiv zu besichtigen. Man kann die Eintragung als Regieanweisung verstehen. Der Dichter gibt einen Hinweis auf die Bandbreite von Nebenbedeutungen, die ein noch ungeschriebenes Gedicht mit dem Titel *Mohn* entfalten könnte. Die Mohnfelder selbst sind Erinnerungen an die Landschaft der Kindheit, typisch für die Felderwirtschaft in der Prignitz. Er hat dabei aber auch an das betreffende Malerwerkzeug gedacht: jenes Brettchen, auf dem die Farben angerührt werden. Benn hat den Prozeß der Mischung, Anreicherung und Verdichtung in mehreren seiner Essays beschrieben. Noch in späten Jahren, in dem dann sehr populär gewordenen Vortrag *Probleme der Lyrik* kommt er darauf zurück. Wie zu gewissen Stunden, nach Lektüre zahlloser Bücher, beim Blättern in Bildbänden, in Momenten gesteigerter Assoziationsbereitschaft, als buntes Durcheinander von Stoffen und Aspekten, eine Art typologischer, kompendiöser Schichtung sich realisiert.

> Da lobe ich mir den tiefen Alt des Mohns.
> Da denkt man an Blutfladen und Menstruation.

Weiter entfernt vom Zentrum deutscher Romantik, von der Blauen Blume des jungen Novalis kann einer nicht landen. Und doch spukt auch in diesen Niederungen des blutigen, abgestumpften, sumpfigen, promiskuitiven Lebens noch ein Rest geistiger Absolutheit. Der hier schrieb, prägte später den Begriff *Ausdruckswelt* für sein lyrisches Unterfangen, und gemeint war, ganz ernsthaft, ein Beitrag zur Geistesgeschichte, artistische Schwerarbeit im Namen der Transzendenz. Visionen eines Frauenarztes, Zusammenfassungen eines Spezialisten für Haut- und Geschlechtskrankheiten waren das. In ihnen ist abgerundet, was ein Kenner der Drogen, der Kunststile und ihrer biblischen Hintergründe an Wissensbeständen nur raffen konnte, vorgetragen im Jargon seiner Epoche. So sprach der Arzt Gottfried Benn, Freund und Helfer der Prostituierten, ein Zeitgenosse der Grosz und Beckmann, im selben Moment wie diese gestartet und dann wer weiß woanders gelandet.

Das Pflanzliche ist der gemeinsame Nenner der Bennschen Lyrik. Blumen trugen ihn über alle Lebensphasen hinweg bis in den letzten Frühling. Sie sind das sicherste Zeichen für den Wechsel vom Zynischen ins Elegische, vom Sarkasmus in die hemmungslose Melancholie. Von Aster zu Aster *ad astra* führte der Weg dieses Dichters, der im deutschen Sprachraum heute das Schicksal des bunten Hundes teilt. Die Auswahl hat es an den Tag gebracht: Was als kuratorischer Einfall erscheint, ist in Wirklichkeit ein gültiger Querschnitt durch das Gesamtwerk dieses Allzubekannten.

Es beginnt mit einem Gedicht in ungleich langen, unregelmäßigen Zeilen in graphischer Halbtrichterform, das mit dem Wort *Aster* endet und einem Ausrufungszeichen – anstelle des zu erwartenden Amen. Nach Jahrzehnten hat sich alles beruhigt und wird nun aufgefangen in der klassischen Vierzeilerstrophe, dem von Horaz bis Heine zu letzter Raffinesse ausgefeilten Quatrain. Das Sortiment aber ist bis dahin stetig erweitert worden. Eine Aufzählung mag hier genügen: Es gibt die Amarylle und das Schleierkraut, die Glockenblume und die Skabiose, Georginen, Kornblumen und Asphodelen – und immer wieder die Rosen und den Mohn. Manche tragen sie im Titel, bei anderen läuft nicht zufällig der Reim auf den Blumennamen hinaus. Manchmal kommt beides zusammen wie in dem Klassiker *Anemone*.

Einmal dient die Blume als Schmuck, einmal als Gleichnis, und fast immer muß sie als Erkennungsmelodie, Stimmungssignal herhalten. Böse Zungen könnten sagen: die reinste Floristenlyrik. Dabei mehr Fleurop als Linné – denn niemals kommen hier Unterarten, selten lateinische Bezeichnungen vor. Der Autor hält sich nicht lange mit Etymologien auf. Hier ging es nicht um »Botanik als Wissenschaft« (Goethe). Ein Exzerpieren aus Pflanzenbestimmungsbüchern, wie es Paul Celan praktizierte, wäre ihm zu esoterisch erschienen. Alles beruht hier, wie in der Schlagerparade, auf den gewöhnlichsten Blumennamen. In ihrer Eingängigkeit schmeicheln sie populären Hörgewohnheiten. Benn nahm bewußt in Kauf, daß seine Verse zu Ohrwürmern wurden. Er selbst sah sie, furchtlos vor Kitschvorwürfen, in der Nähe von Unterhaltungsmusik. In einem der Briefe an Friedrich Oelze, den Beichtfreund für lange Jahre, zeichnet er sein kritisches Selbstporträt: »Ich sitze dann an einem bestimmten Fenster meiner Wohnung u. schaue auf die leere u. wenig begangene Strasse u. sage mir, ein weiter Weg vom frühen G. B., dem wüsten Encephalitiker (›Vermessungsdirigent‹, ›Karandasch‹) bis zum Verfasser der harmlosen Rosenverse, die von Gustav Falke sein könnten u von Phili Eulenburg komponiert …«

Auch im Schlager der Weimarer Republik hatten die Liedtexter sich ausgiebig in den Blumengeschäften versorgt, und genauso dann wieder in den Jahren des deutschen Wirtschaftswunders – denen Benn sein Comeback verdankte. Das teilweise Schwülstige aber, verstärkt in den Altersgedichten, ist bei seiner Bühnenerfahrung nur als ästhetischer Dreh zu begreifen. Warum nicht in die Rolle des Chansonniers schlüpfen, der die Damen zum Schmelzen bringt? Das leise Lamento vom allgemeinen Verblühen war nur die Kehrseite seiner schneidenden Intellektualität. Auch die erotischen Untertöne sind immer mitkomponiert. »Laß mich noch einmal weich sein / Im Blumengeruch der Nacht.« Benn pokerte gern mit Emotionen. Als leidenschaftlicher Radiohörer wußte er um die Wirkung der einsamen Stimme, die nachts auf unsichtbaren Frequenzen durchs Zimmer wehte. Eine solche Stimme war schließlich auch die seine geworden, wenn sie durch Blumen zur Nachwelt sprach. Und schließlich kam der Moment, da auch die Blumen ihm unerträglich wurden.

Nimm fort die Amarylle
Ich kann kein Blühen mehr sehn …

Zerstückte Blumen

»Er beschäftigt sich zu viel mit Rosen…«
Ilse Benn

1 Die Photographie ist, wie die Schriftstellerei, heute eines der meistpraktizierten Handwerke. Das untergräbt ihren Kunstcharakter und schwächt die Aufmerksamkeit, denn: allzu Verfügbares wird unsichtbar. Schreiben und Photographieren gemeinsam ist die rasche mediale Verbreitung ihrer Ergebnisse in einem Zeitalter rasender Reproduktion öffentlicher wie privater Bilder und Texte. Wobei das Bild schneller reist als der Text. Was aber scheinbar jeder kann – und dank fortwährend verfeinerter Technik, auch nahezu in Perfektion –, verliert den Status des Außergewöhnlichen.

Hier nun springt der Künstler-Skeptiker ein, der Idiosynkrat der Form, der das Nie-Gesehene, Nie-Gedachte in aller Seelenruhe zum zweiten Mal vor uns ausbreitet. Zum zweiten Mal heißt: Wiederholung ist der Modus des Kunstwerks. Denn es gab, wie jeder Betrachter oder Leser sich nicht ohne ein leises Bedauern eingesteht, den Moment der unbewußten Bestandsaufnahme. Es muß ihn gegeben haben, denn ohne ihn kein Wiedererkennen im Kunstwerk und damit kein Kunstwerk. Er sieht beispielsweise die Photographie einer Rose und stellt fest, daß er es so genau nie hat wissen wollen. Aber er kannte sie doch, hatte sie hunderte Male gesehen. Nun steht sie vor ihm da, in Übergröße, springt ihn von der weißen Wand eines Galerieraumes an, rückt ihm zu Leibe in ihrer berauschenden, obszönen Fleischlichkeit. Ein leichter Schwindel erfaßt ihn, die Wirkung ist gewaltig. Ich kann sagen: Noch nie hat der Anblick von Blumen mich derart aufgewühlt wie auf den Bildern des Thomas Florschuetz. Ich war nicht vorbereitet auf diesen Angriff, und doch hatte ich alles, was da zu sehen war, in natura schon viele Male mit flüchtigen Blicken gestreift, im Blumengeschäft, vor den heimischen Vasen, als Dekoration hier und da bei Festessen, Hochzeiten, Beisetzungsfeiern. Aber hatte ich mich je in eine Blüte vertieft, wie die Photographien es mir nun abverlangten?

2 Unter den deutschen Photokünstlern seiner Zeit, den auch international stark beachteten, an denen kein Mangel herrscht, ist Thomas Florschuetz der große Einzelgänger. Es gibt die Neue Deutsche Photographie, den Renner der großen Auktionshäuser, eine Wertanlage für Sammler von Oslo bis Los Angeles, und es gibt ihn. Sein Formbewußtsein, eine gewisse Monomanie der Motive, macht ihn zum Exoten unter den Jägern auf den globalen Lichtungen. Seine Arbeiten entstammen keiner Schule und keiner Akademie, sie bilden eine eigene Klasse. Es gibt in seinem Werk, bei allen Entwicklungsschritten der letzten Jahre, eine auffällige Homogenität. Charakteristisch für ihn ist das bedächtige Schrittesetzen, das langfristige Anlegen von Serien und größeren Werkgruppen, aber diese Serien scheinen notwendig auseinander hervorzugehen, sie sind Teil einer umfassenden Morphologie.

In Schwarzweiß fing es an, mit den Körperbildern – Variationen des eigenen, segmentierten Körpers, die ihn schlagartig bekannt machten, ihn aus der Künstlerszene Ostdeutschlands in die Welt hinauskatapultierten (erster Ankauf von Arbeiten für das New Yorker Museum of Modern Art 1988). Im Westen angekommen, ging es weiter in Farbe, mit den frühen Interieurs (seines Westberliner Ateliers), den Fenster- und Vorhangbildern, aus denen nachher Studien zur Architektur hervorgingen (von Pompejis Ruinen, antiken Theatern bis zu Meisterbauten der Moderne, Mies van der Rohes und Oskar Niemeyers etwa). Dem folgten die Düsenjets, Bilder vom Abriß des Berliner Palastes der Republik, von Skulpturen, Früchtestilleben. Parallel dazu entstanden die sogenannten *Blumenstücke*, die der Künstler einzelthematisch erstmals in einer Ausstellung unter dem Titel »Ricochet« präsentierte, was soviel heißen sollte wie Querschläger – ein Ablenkungsmanöver, denn in Wahrheit führten diese Pflanzenstudien mitten hinein in die Florschuetzsche Ordnung der Dinge, und der martialische Titel markierte den süßesten Widerspruch.

3 Florschuetz ist, und das zeichnet ihn vor vielen Künstlern seiner Zunft aus, ein langsamer Arbeiter. Er legt zwischen das private Ich, das tastend sucht, und den nächsten Schritt im Werk große Zwischenräume. Die Entscheidung für das Weitere mag blitzschnell erfolgen, der Abstand von Stufe zu Stufe bleibt als Bruch sichtbar, er garantiert den Überraschungseffekt. So waren die Blumenstücke selbst für Kenner zunächst gewöhnungsbedürftig. Ein heikles Sujet, bedenkt man die Abgenutztheit der Blume in Design und Schmuckindustrie. Ist florale Schönheit nicht Inbegriff allen schlechten Kunstgeschmacks? Wie entgeht dem nun aber der unerschrockene Bildforscher? Indem er zeigt, was das Auge so genau, so unvertraut amorph (oder polymorph-pervers – mit einem Ausdruck der älteren Sexualkunde) zuvor noch nie sah. Kein Mapplethorpe hat den Betrachter so in die pflanzlichen Innenwelten geführt, kein Blossfeldt ihn derart mitgenommen ins Labyrinth der Kelche, Rispen und Blütenblätter. Bezeichnend der Unterschied zu Karl Blossfeldts gestochen

scharfen Lehrtafeln aus dem »Wundergarten der Natur«: Seine Haarfarne und Silberdisteln gleichen grauen Gerätschaften aus der Arbeitswelt, schmiedeeisernen Werkzeugen, sie sind industrialisierte Pflanzen. Bei Florschuetz dagegen ruft die pflanzliche Nähe das Unbekannte tropischer Fernen hervor. Der Photograph verbringt jedes Jahr Monate in Brasilien, der Heimat seiner Frau, der Künstlerin Carla Guagliardi.

Opulent kommt das Ganze daher, geradezu amazonisch exuberant, aber dann doch auch kühl kontrolliert: Der Blütendschungel wird immer wieder gelichtet. Durchblicke ergeben sich, reine Farbflächenarrangements wie in abstrakter Malerei, Bewegungsbilder. Es ist ein Spiel, aber ein Spiel der Urformen, bei dem der Chor auf ein geheimes Gesetz deutet, wie es in Goethes Lehrgedicht *Die Metamorphose der Pflanzen* heißt. »Alle Gestalten sind ähnlich, und keine gleichet der andern.«

4 Die Auswahl bleibt dabei höchst überschaubar. Man findet Edelrosen (Broceliande und ihre Verwandten), Weiße Lilien sind darunter, Dahlien in verwegenen Zuchtformen und immer wieder Orchideen – der Gattung *Phaleanopsis*, die man heute in Gewächshäusern herstellt, massenweise, in Indonesien und Taiwan, von wo aus sie die heimischen Baumärkte und Pflanzen-Center überschwemmen. Es handelt sich nicht mehr um reine Naturwesen, Bastarde sind sie, Produkte der Anzucht, und der Künstler wäre kein Künstler, wenn er sich daran störte. Im Gegenteil: Gerade die unwahrscheinlichen, übersteigerten Kreationen der botanischen Couturiers haben es ihm angetan. Zu dieser ersten Künstlichkeit tritt nun die zweite, bewirkt durch die Ausschnittvergrößerung, eine fast haptische Nähe, die Aufspal-

tung der Motive im Diptychon und Triptychon, die Anordnung der Großbilder im Galerieraum nach farblicher und formeller Korrespondenz. Wie befremdlich die weiße Lilie auf schwarzem Grund wirkt, frontal und direkt vor der Kameralinse: ein sternförmiges Luftkissen oder ein Fallschirm aus Spezialseide? Oder die schneeweißen, rosa und bischofsvioletten Orchideen, die aussehen, als könnten sie keiner Fliege etwas zuleide tun – und doch liest man, daß Tricksen und Täuschen zu den Waffen der Orchideen gehören. Es sind weibliche Wesen, die sich die Bestäubung erschleichen, indem sie Insekten mit Nektarsäften belohnen; oft geht der geflügelte Bote leer aus, weil Düfte und Muster ihm den Schmaus nur vorgaukelten. Die Blütenachsen und die Kronenblätter: Florschuetz zeigt sie uns fragmentiert, beschnitten, wie es den Blumen seit jeher widerfuhr. Doch dann monumentalisiert er sie, stellt sie auf edlen Papieren (im *Iris-Druck*) aus, und ihre plastische, raumschaffende Formenvielfalt ist nun auf einmal mit Händen zu greifen.

5 Die trügerische Schönheit dieser Blumenbilder ist ihre große Provokation: eine Zumutung für den kritischen Geist. Das Auge ertrinkt in lauter kleinen Farb- und Form-Sensationen – es geht über. Selten hat es so ungehemmt schwelgen können in Pflanzenhimmeln. Eine Sonde hat sich zwischen die Schleier geschoben und die Blütenschöße für uns geöffnet. Wo aber das Ornament überhand nimmt, zeigt sich die Konstruktion. Es scheint, als hätte Florschuetz eines der Kompositionsgesetze Gottfried Benns befolgt, seine Anleitung zur Verfertigung *Statischer Gedichte*, zu finden in der Verssammlung mit dem gleichnamigen Titel. Sie liest sich wie eine Beschreibung der vorliegenden Photographien.

Perspektivismus
ist ein anderes Wort für seine Statik:
Linien anlegen,
sie weiterführen
nach Rankengesetz –,
Ranken sprühen –

Über Thomas Florschuetz

Das fotografische Werk von Thomas Florschuetz – geboren 1957 in Zwickau – ist umfangreich und vielfältig. Schon sehr bald nach seiner Übersiedlung in den Westen Berlins 1988 werden seine Arbeiten in zahlreichen Publikationen gewürdigt und in bedeutenden Sammlungen und Museen gezeigt: im Folkwang Museum in Essen, im Museum of Modern Art in New York oder in der Nationalgalerie in Berlin.

Den frühen Körperbildern und Selbstakten aus den 80er Jahren folgt Anfang der 90er Jahre die Werkgruppe *Plexus*: Mittels Durchleuchtung eigener Körperteile entstehen Bilder und Bilderensemble von abstrakter Qualität. In den 90er Jahren beginnt die Auseinandersetzung mit anderen Themenbereichen. Ein sehr umfangreiches Werk über Architektur entsteht. Besondere Aufmerksamkeit finden seine Arbeiten zum Palast der Republik und zum Neuen Museum.

Blumen erscheinen im Werk von Thomas Florschuetz erstmalig 1997. Am Anfang steht eine Gruppe von Orchideen unter dem Titel *Ricochet*. Weitergeführt wird diese Arbeit 1999 und vor allem im Jahr 2000 während eines Studienaufenthaltes in der Villa Aurora in Los Angeles. Meist handelt es sich bei bei den Blumenmotiven dieser Zeit neben verschiedenen Orchideenarten um Anthurien und Lilien. Seit 2000 kommen Fotografien anderer Pflanzen, von Gemüse und Früchten hinzu. In den Jahren 2008 bis 2010 entsteht eine Serie von Rosen und Dahlien.

Bei allen Werkgruppen: den Körperbildern, den Fotografien zur Architektur, in seiner Serie *Jets* oder in den Blumenbildern, dominiert eine konsequente künstlerische Vorgehensweise: Florschuetz konzentriert sich auf Fragmente und nähert sich ihnen gestaltend. Ein weiteres allen Werkgruppen gemeinsames Gestaltungsprinzip ist dieses: Sie werden als Einzelbilder *und* als mehrteilige Ensembles von beeindruckender physischer Präsenz konzipiert. Fast körpergroß, vielfach im Hochformat, stehen sie dem Betrachter gegenüber.

Rosen, Lilien, Dahlien oder Orchideen – die Vielfältigkeit ihrer Naturformen zeigt Florschuetz nur in Ausschnitten und oft aus nächster Nähe. Mehrschichtig einander überlagernde Blätter einer Blüte verwandeln sich in ein abstraktes Farben- und Formspiel. Durchscheinende Blütenblätter rufen die früheren fragmentierten Körperbilder des Künstlers wieder auf. Vergängnis, etwa das Verblühen einer Dahlie, präsentiert sich im strengen Profil. Manchmal wird ein Blumenstengel ins Monumentale vergrößert, oder der Kelch einer Blume sprengt den Bildrand. Blütenblätter sind bisweilen scharf konturiert, dann wieder unscharf und verschwommen. Mehrteilige Bildsequenzen irritieren vertraute Sehgewohnheiten. Zwei zum Diptychon verbundene Blumenbilder erscheinen auf den ersten Blick als identisch; aber bei genauerem Hinsehen fällt vom ersten zum zweiten Bild eine leichte Verschiebung des Blickwinkels ins Auge. Diese fast unmerkliche Doppelung erzeugt einen Eindruck von Bewegung. Oft fotografiert Thomas Florschuetz Blumen im Gegenlicht oder durchleuchtet sie von hinten.

Fragmentierung und ungewohnte Blickwinkel, Nahaufnahmen, scharfe Konturierung und bewußt eingesetzte Unschärfe, Duplizierung, Spiegelung und großformatige Überhöhung der natürlichen Größe: alle diese Verfremdungstechniken sind keine fotografischen Kniffe, die auf reine Verblüffung zielen, sondern dem Werk von Thomas Florschuetz und seiner Ansicht der Dinge wesentlich. Mit ihrer Hilfe läßt er bizarre und vieldeutige Formationen entstehen, die einer raschen eindeutigen Bestimmung Widerstand leisten. In neue, auf den ersten Blick unvertraute Wesen verwandelt er die Blumen: Unnahbar und entrückt wirken sie, kühl und streng inszeniert, doch dann entfalten sie den ganzen Zauber ihrer so natürlichen wie artifiziellen Doppelnatur.

Renate Siebenhaar

Ricochet 08/II, 1997/99, 123 x 83 cm, C-Print (Frontispiz)
Ohne Titel (Rose) 02, 2008, 123 x 83 cm, C-Print
Ohne Titel (Rose) 09, 2008, 2teilig, 123 x 165 cm (in einem Rahmen), C-Prints
Ohne Titel (Rose) 07, 2008, 123 x 83 cm, C-Print
Ricochet 02/II, 1997/07, 2teilig, 123 x 165 cm (in einem Rahmen), C-Prints
Ricochet 01, 1997/99, 151,5 x 101,5 cm, Cibachrome
Ricochet 13, 1997/99, 2teilig, je 151,5 x 101,5 cm, Cibachrome
Ricochet 10/II, 1997/07, 2teilig, 123 x 165 cm (in einem Rahmen), C-Prints
Ohne Titel (Lilie), 2000, 153 x 103 cm, C-Print
Ohne Titel (Orchideen) 01/II, 2000, 2teilig, 123 x 165 cm (in einem Rahmen), C-Prints
Ohne Titel (Orchideen) 09, 2000, 2teilig, je 153 x 103 cm, C-Prints
Ohne Titel (Anthurie), 1999/00, 153 x 103 cm, C-Print
Ohne Titel (Dahlie) 03, 2010, 123 x 83 cm, C-Print
Ohne Titel (Dahlie) 02, 2010, 2teilig, 123 x 165 cm (in einem Rahmen), C-Print
Ohne Titel (Dahlie) 05, 2010, 123 x 83 cm, C-Print
Ohne Titel (Dahlie) 07, 2010, 2teilig, 123 x 165 cm (in einem Rahmen), C-Print
Ohne Titel (Dahlie) 10, 2010, 123 x 83 cm, C-Print
Ohne Titel (Orangen) 01, 2010, 83 x 103 cm, C-Print

Reihenfolge und Nachweis der abgedruckten Gedichte

Inhalt